それ日本と英!?

第2期

文化のちがい 習慣のちがい

③ ワクワク 音楽と物語

監修　国立民族学博物館長　須藤健一

日本と世界で語りつがれている物語って、似ているようでちがうんだね。

楽器の演奏のしかたや歌い方など、音楽の奏で方にも、たくさんのちがいがあるんだよ。

鈴（すず）
かけ出しの小説家。これまでに読んだ本の内容を、全て記憶している。世界中の人々をうならせる小説を書くのが夢。

アレク
音楽を奏でることと、食べることが大好き。しがない旅の音楽家を名乗っているが、実は某国の王子だといううわさも。

Gakken

もくじ

3 ワクワク 音楽と物語

- 鼻でふく笛があるってほんと？ 4
  - タヒチなどの場合　笛のふき方のちがい

- 桃太郎の「きびだんご」は、イギリスでは「かんパン」？ 8
  - イギリスの場合　物語に登場する食べもののちがい

- 龍ってイギリスでは神様じゃないの？ 12
  - イギリスの場合　龍にいだくイメージのちがい

- 音楽が文字の代わりになる国がある？ 16
  - ブルキナファソの場合　音楽の意味のちがい

- 見たことある？　聞いたことある？　世界の楽器 20

- 世界はどうやってできたの？ 22
  - インドの場合　世界の始まりのちがい

- 干支の物語って、ほかの国にもあるの？ 26
  - イギリスの場合　物語に登場する動物のちがい

- 一度に2つの音を出す歌い方があるの？ 30
  - モンゴルの場合　歌い方のちがい

- アメリカのマンガは、たくさんの人がかく？ 34
  - アメリカの場合　マンガに対する考え方のちがい

- 世界に飛び出す！　日本のアニメ・マンガ 38

- ●音楽はどのようにして生まれたの？ 40
- ●物語はどのようにして生まれたの？ 42

この本で紹介した国と地域 44

［　イスラエル　モンゴル　アイルランド　イギリス　スイス　スコットランド（地域）
　　ブルガリア　エジプト　カメルーン　ブルキナファソ　ペルー　タヒチ（フランス領ポリネシア）　］

この本の特長とルール

この本の特長

1. 必ずしもその習慣がその国全体で行われているのではなく、特定の地域や社会でのみ行われている場合も、その国の国旗と国名を記載しています。
2. ある地域や民族に顕著な文化や習慣の場合、国名のあとに、（ ）で地域名や民族名を併記しています。
3. ある文化や習慣が複数の国や地域にみられる場合、その代表となる国名を挙げた項目があります。
4. ある文化や習慣が、3以上に広範囲にみられる場合、「イスラム社会」など特定の文化圏の名称や、「世界」として示した項目があります。
5. 国名は、通称を用いています。

この本のルール

1. 各テーマの最初の見開きでは、左ページに日本の事例を、右ページに外国の事例を紹介し、文化のちがいを対比しています。
2. 次の見開きの まとめ で、その文化のちがいを生む考え方、原因や背景をまとめています。また、 いろいろな国の○○ では、関連するテーマについてのいろいろな国の事例を紹介しています。
3. 文化あれこれ では、そのテーマに関連するおもしろい話題やことばを 豆知識 として紹介しています。
4. 44ページ この本で紹介した国と地域 では、それまでのページで国旗をつけて文化の事例を紹介した国について、地図や、気温・降水量のグラフをまじえて説明しています。
1〜5巻のうち複数の巻で紹介している国については、ほかの巻で説明しているものもあります。それぞれの国が何巻で説明されているかは、47ページに一覧があります。

この本を読むみなさんへ

リズム、メロディーとハーモニーが西洋音楽の基本です。しかし、自然の音や聴覚以外の感覚、身体、さらには物語や儀礼や舞踏などをふくむ音全体を音楽とみなす民族や人々もいます。お祝いや、お祭りや、儀礼などに披露される歌や語りやおどりとともにいろいろな楽器が使われます。音楽は、その場を盛り上げ、幻想の世界を生み出し、ときには、恐ろしいふんいきをただよわせることもあります。

第3巻では、鼻笛、カホン、ディジュリドゥ、ビリンバウなどの楽器や、のど歌が奏でる音の文化、そして昔話や伝説、世界の始まりを語る神話、干支などのいろいろな物語の世界をのぞいてみましょう。

監修　国立民族学博物館長
須藤健一

笛のふき方のちがい
タヒチなどの場合

鼻でふく笛があ

タヒチから来た友だちが、「鼻でふく笛があるんだよ」

日本では、笛といえば口でふくものですが…

🎩 鼻でふいたら注意される？

　音楽の授業で使うリコーダーは、口でふきます。もし鼻でふこうとしたら、先生に注意されるでしょう。14世紀ごろのヨーロッパで生まれたリコーダーは、口で息をふきこめばだれでも簡単に音が出せるので、学校教育に取り入れられました。ほかにも、ハーモニカや、ブラスバンドなどで使われるフルートやクラリネットなど、口でふく楽器はたくさんありますね。

　笛の歴史は古く、人間の歴史の最初のころからあったと考えられています。自然にある、中が空どうの木や動物の角、巻き貝などに空気が通ると音が鳴ることに気づき、笛が考え出されたといわれています。

戦国時代には
ホラ貝の笛が、
合戦の合図に
使われたのよ。

るってほんと？

て言っていたんだ。笛は口でふくものじゃないの？

タヒチなどのポリネシアには、鼻でふく笛があります。

口は食べるところ、鼻は息をするところ

　タヒチは、南太平洋にあるフランス領ポリネシアの島です。タヒチ周辺では、鼻で笛をふく習慣があります。口はものを食べるために使い、息をするのは鼻だという考えから、鼻で笛をふくようになったそうです。ほかにも、フィリピン、ミャンマーといった東南アジアや、南アメリカのアマゾン川流域の少数民族のあいだにも、鼻で笛をふく習慣があります。笛の形には、横笛、たて笛のほかに、鼻をおおうような形のものなどがあります。

鼻をおおう形の笛

儀式のときなどにふかれる

　鼻でふく笛は、もともとは神にいのる儀式などで用いられたものです。というのも、鼻から出る息には、魂がこめられていて、口から出る息よりも神聖だという考え方があるからです。神聖な息で鳴らした楽器の音も、神聖なものとされるのです。ほかに、「口はうそをつくので鼻の息のほうが尊い」という考え方や、「病気が鼻から出ていく」という考え方もあるようです。

まとめ どうしてちがうの？

日本では口で笛をふき、タヒチなどでは鼻で笛をふくのには、次のような背景があるようです。

1. 世界的に、古くから口でふく笛が多く、日本でも同じように口でふく。

2. タヒチなどの鼻で笛をふく地域では、口はものを食べるところで、鼻が息をするところという考えがある。

3. 鼻で笛をふく地域では、鼻から出る息は神聖なものだと考えられている。

いろいろな国のユニークな楽器

ペルー

上にすわってたたく「カホン」

「カホン」とは、スペイン語で「箱」のことです。その名の通り、「カホン」はいすぐらいの大きさの箱のような楽器です。もともと、キューバの港ではたらいていた人たちが、貨物の箱をたたいたことから始まったそうです。のちに、その労働者たちがペルーに移り住み、カホンもペルーに伝わりました。

たたく面の反対側や側面に穴があいていて、音がひびくようになっている。

アメリカ

洗たく板を楽器にした「ウォッシュボード」

アフリカからアメリカに連れてこられた黒人たちは、身近なもので音楽を奏でました。アメリカ南部で生まれた「ジャグ・バンド」というブルース（音楽の種類）の一種では、洗たく板を指やスプーンなどでこすって音を出す「ウォッシュボード」や、洗たく用の金だらいを逆さまにしてモップとひもを使って組み立てた「ウォッシュタブ・ベース」という弦楽器を使います。

洗たく板を楽器にした「ウォッシュボード」

オーストラリア

アボリジニに伝わる「ディジュリドゥ」

「ディジュリドゥ」は、オーストラリアの先住民族、アボリジニに伝わる楽器です。「ディジュリドゥ」という名前は、18世紀のはじめにオーストラリアに移り住んだ白人が、その音から名づけました。アボリジニたちは「イダキ」「カンビ」「マーゴ」などとよびます。ユーカリの木でつくった管楽器で、人の背たけほどの長さがあります。唇をふるわせて、息をとぎらせずにふき続けます。

「ディジュリドゥ」をふくアボリジニの男性。

🇧🇷 ブラジル ✈

カポエイラに欠かせない「ビリンバウ」

弓のような形をしたブラジルの民族楽器です。弦楽器ですが、バイオリンのようにこすったり、ギターのように指ではじいたりせずに、棒でたたいて音を出します。棒を持つ手には「カシシ」というマラカスのような楽器を同時に持ちます。格闘技スタイルで激しくおどる伝統芸能「カポエイラ」には欠かせない楽器です。

カポエイラでは「アタバキ」という太鼓も使われるのよ。

「ビリンバウ」についている丸いヒョウタンをくりぬいたものが、音をひびかせる。

文化あれこれ

豆知識 | 日本

邦楽の楽譜は楽器ごとにちがう

楽譜というと、五線譜に音符や休符、速度記号などを記したものを思いうかべる人が多いでしょう。しかし、日本の伝統音楽には独自の楽譜があります。まず、本来の日本語と同じように、たて書きです。さらに、楽器ごとに楽譜がちがうのもとくちょうです。たとえば長唄の小鼓の楽譜は、記号や決まったフレーズの名前で表しています。

長唄の鼓の楽譜を西洋音楽の音符で表すと…

音の高さは変わらずに、長さなどが変わる。

長唄の小鼓の楽譜

```
ス ───── 休み
○ ───── ポンという音
○ ───── ポンという音
○ ───── ポンという音
スッ ──── 休み
タ ───── タという音
ス ───── 休み
タァ ──── タという音
ス ───── 休み
○ ───── ポンという音
○ ───── ポンという音
ス ┐     休み   くり返しを表す
タ ┘     タという音
ス ───── 休み
○ ───── ポンという音
```

「四ツ間」というフレーズの楽譜。○は「ポン」という音を表す。

物語に登場する食べもののちがい　イギリスの場合

桃太郎の「きびだんご」

イギリスの友だちに昔話の『桃太郎』の話を教えたら、「き

> 日本では、桃太郎がきびだんごの力で鬼をたおしますが…

 百人力のきびだんご

桃太郎の物語で、重要な役割をはたすのがきびだんご。「きび」とは、米や麦などと同じこく物の一種で、きびだんごはその「きび」からつくっただんごです。きびは、米や麦が育ちにくい地方での大切な作物でした。そのような大切な作物でつくられただんごだからこそ、百人力の力が出るといわれ、鬼をたおすことができたのかもしれません。きびだんごを犬、サル、キジに分けあたえるという話は、作物がとれなかったときに人々が大切な食料を分け合った体験から生まれたという説もあります。

> 最近のきびだんごの中には、きびを使っていないものもあるよ。

は、イギリスでは「かんパン」

「だんごはかんパンみたいだね」って言われたんだ。

イギリスには、かんパンのおかげで鬼をたおすことができた物語があります。

かんパンと魔法のつえをこうかんする

　イギリスの昔話『赤鬼エティン』では、青年たちが「バノック」という麦でつくったかんパンを持って旅に出ます。はじめに小さなバノックを持って出た青年は、赤鬼に石にされてしまいます。次に母親につくってもらった大きなバノックを持って出た青年は、それを旅の途中で出会ったおばあさんに分けてあげました。青年は代わりにおばあさんから魔法のつえをもらい、そのつえで赤鬼をたおしたという話です。イギリスでは麦が貴重だったため、麦でつくった「バノック」に力があると考えられたのです。

バノックにはふしぎな力がある
　スコットランド（イギリス北部）ではバノックはとても親しまれている食べものです。この物語の中で、バノックはただの食べものではなく、ふしぎな力があると考えられています。また、バノック自体に命が宿り、バノックが人間からにげ出すという話もあります。

まとめ どうしてちがうの❓

日本の『桃太郎』ではきびだんごが、イギリスの『赤鬼エティン』では麦でつくったバノックが、ふしぎな力をもつ食べものとされているのには、次のような背景があるようです。

1. 日本では、きびを貴重な作物とする地域があり、きびでつくっただんごにもふしぎな力が宿ると考えられた。

2. スコットランドでは麦が貴重で、麦でつくったバノックには特別な力が備わっていると考えられた。

いろいろな国の物語のキャラクター

🇬🇧 イギリス

騎士の元祖！ アーサー王

ブリテン島（現在のイギリス）を他国のこうげきから守った王様です。真の王にしかぬけないといわれていた、岩にささった剣をぬいて、王になりました。6世紀ごろに、今のイギリスに住むケルトの人々を他民族のこうげきから守った、実在の英雄をモデルにしているとされます。12世紀にできた物語で、この伝説が広まり、騎士物語がたくさんつくられるようになりました。

🇬🇭 ガーナ

かしこいクモ アナンシ

アナンシは、西アフリカのガーナの昔話に登場する、主人公のクモの名前です。ガーナでは、丸い巣の中心にいるクモを、太陽の神と考えていました。アナンシは知恵をはたらかせて、悪い人間や悪魔をやっつけ、家族を守ります。ガーナから中米のカリブ海周辺に移り住んだ人々とともに、アナンシの物語もカリブ海の人々に伝わりました。

🇮🇷 イラン

物語り上手 シェエラザード

『千夜一夜物語（アラビアンナイト）』の主人公の女性です。女性を信じられなくなってしまった王に、1001夜たいくつさせなかったら命を助けようと言われ、毎晩王におもしろい物語を聞かせました。物語の続きは明日、と言って1001日生きのび、王の信頼を勝ち取って王妃になったのです。

カリブ海周辺で昔話といえば、アナンシだよ。

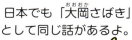 イスラエル

機転がきく古代の王　ソロモン王

約3000年前の、第3代のイスラエル王国の王様です。とても頭がよかったことで知られていて、賢者のシンボルとなっています。2人の女性が子どもを取り合った裁判で、ソロモン王が「子どもを切って分けよ。」と言い、「それはできません。」と言った女性を本当の母親とした裁判が、よく知られています。

日本でも「大岡さばき」として同じ話があるよ。

世界のいろいろな昔話・伝説

世界にはいろいろな昔話や伝説があります。子ども向けの本になっているものもありますが、大人向けしかないものもあります。興味をもったら読んでみてくださいね。

- **『パンチャタントラ』**
古代インドの説話集で、日本の『今昔物語集』や仏教説話、さらにはグリム童話にも大きなえいきょうをあたえました。5巻からなる、教訓的な物語で構成されています。

- **『七賢人物語』**
8世紀ごろに成立した『シンドバッド物語』が西洋に伝わり、『七賢人物語』になりました。死刑を言いわたされた王子を救うために、物語を話し続けた7人の賢人と、それをじゃまする王子の継母が語るいくつもの物語で構成されています。

『七賢人物語』のように、物語の中で、いくつもの物語が語られる形式を「枠物語」というよ。

- **『イソップ寓話集』**
古代ギリシャの作家、イソップがまとめた物語。代表的な物語に「アリとキリギリス」や「北風と太陽」などがあります。イソップはどれいでしたが、才能があったために解放されて、いろいろな物語をつくるようになったそうです。

- **『狐物語』**
12世紀後半、フランスでまとめられた説話集。ずるがしこいキツネのルナールが、オオカミのイザングランと何かにつけて争う物語です。キツネがずるい動物というイメージの元になったといわれています。

- **『今昔物語集』**
平安時代後期（12世紀前半）に成立した日本の説話集。インド、中国、日本を舞台にした物語が千以上も集められています。「今昔物語集」という名前の由来は、「今は昔（今となってはもう昔のことになってしまったが）」で話が始まるからです。「～と、なむ語り伝えたるとや（～と、語り伝えられているようだ）」で終わります。

- **『ペロー童話集』**
17世紀末にできたフランスの昔話集。「赤ずきん」や「眠れる森の美女」「シンデレラ」「長靴をはいた猫」など、有名な話がいっぱい収められています。

龍にいだくイメージのちがい イギリスの場合

龍ってイギリス

龍の絵をかいていたら、イギリスから来た友だちに「そ

日本では、龍を神様としてまつっていますが…

アジアでは尊いイメージがある

　龍は想像上の生きもので、弥生時代に中国から日本に伝わったといわれています。日本では、昔からヘビは実りをもたらす神と考えられており、このようなヘビのイメージと重ねて、龍も神と考えられるようになりました。また、ヘビや龍は水の神でもあり、こう水を起こす龍神の物語が伝わる一方で、火事を防ぐ神とされました。このように強くおそろしい龍は、武士が好んで刀などのかざりにしたほか、楽器や絵などにもえがかれるようになりました。また仏教では、仏様を守る存在として、寺の天井に龍がえがかれました。

龍とヘビが結びついた龍蛇神
画像提供＝国立国会図書館

今でも、龍とヘビが結びついた神をまつる習慣があるわ。

では神様じゃないの❓

nは悪いやつだね」って言われたんだ。日本では、龍は神様なのになぁ。

イギリスでは、龍は英雄にたおされます。

病気をはやらせたドラゴン

　アニメやゲームのキャラクターとしてよく登場するドラゴンは、龍のことです。ヨーロッパでは、ドラゴンはわざわいをもたらすと考えられていて、英雄にたおされる存在です。イギリスに伝わる聖ゲオルギウスの物語では、病気をはやらせた悪いドラゴンが、聖ゲオルギウスにやりでさされてたおされます。ヘビに似た見た目のアジアの龍とちがって、ドラゴンにはつばさがあり、2本足で立つ姿でえがかれます。

> **ドラゴンはこう水のシンボル**
> 　今から約5000年前、イラクを中心とする地域でおこったメソポタミア文明のころから、ドラゴンはこう水の原因とされていました。当時の王は、工事をしてこう水を防ぐとともに、王の力を示すためにドラゴンを退治する伝説をつくったといわれています。また、キリスト教がドラゴンを悪のシンボルとしたので、ヨーロッパを中心にますます悪役になったと考えられています。

まとめ どうしてちがうの？

日本の龍とイギリスのドラゴンでイメージがちがうのには、次のような背景があるようです。

1 古代中国の神話では龍は神であり、また日本では、龍に似た姿のヘビが神と考えられていたので、そのイメージが重なって龍を神と考えるようになった。

2 イギリスなどのヨーロッパでは、ドラゴンはわざわいをもたらす存在だった。また、キリスト教がドラゴンを異教徒の象徴としたので、さらに悪役になった。

いろいろな国の伝説の生きもの

🇬🇷 ギリシャ

英雄を助けた！ペガサス

ベレロポンというギリシャの英雄は、リュキアの王から命をねらわれていました。王は、国中をあらしていたキマイラという怪物の退治を命令することで、ベレロポンの命をうばおうとしました。しかしベレロポンは、羽の生えた馬であるペガサスに乗り、空からこうげきしてキマイラを退治したと伝えられています。

🇮🇪 アイルランド

いたずら大好き　妖精たち

妖精は、アイルランドなど、古代ヨーロッパのケルト文化がのこる地域に伝わる生きもの。人間のそばに住んでいて、いいこともしてくれますが、いたずらもします。馬に化けて、よっぱらいを背に乗せてからかうプーカ、宴会が好きなクルーラコーン（イラスト）など、さまざまです。きのこが円形に生えると、妖精が夜の間におどったと考えられていたようです。

🇲🇽 メキシコなど

人間を復活させた　ケツァルコアトル

現在のメキシコとその周辺に、かつてアステカ文明という古代文明が栄えていました。ケツァルコアトルは、その文明の神話の神で、体が羽毛でおおわれたヘビです。死んだ人間を復活させ、大切な作物であるとうもろこしをもたらし、さまざまな知識を世界に伝えたとされています。

アメリカ大陸中央部に栄えたマヤ文明では、ククルカンとよばれたのよ。

中国

頭のよい聖なるけもの　麒麟

体はシカ、ひづめは馬、尾は牛で、ひたいに1本の角が生えている生きものです。物事が正しいかまちがっているかを判断できるかしこい生きもので、裁判官を助けました。枯草しか食べず、生きているものをいっさい傷つけずに走ることができたそうです。動物園でおなじみのキリンは、アフリカから中国にきたとき、「これがきりんだ」と、あやまって伝えられたことから名づけられました。

動物のキリンは、かんちがいでつけられた名前なんだね。

文化あれこれ

言葉の中にも龍がいる！

・**竜頭**

腕時計の横についているつまみのことです。ゼンマイや針を動かすのに使われます。もともとは寺の釣り鐘を釣るための部分のことで、龍の頭の形をしていました。

・**龍の逆鱗**

目上の相手をものすごくおこらせることを「逆鱗にふれる」といいます。龍のあごの下には一枚だけ逆向きの鱗があり、それにふれると龍がひどくおこったという言い伝えからきています。

・**竜胆**

秋、野山で美しい紫色の花をさかせるリンドウは、漢字で「竜胆」と書きます。リンドウの根がとても苦く、まるで竜の肝のようだといわれたところからきています。

腕時計の竜頭

釣り鐘のてっぺんにある竜頭

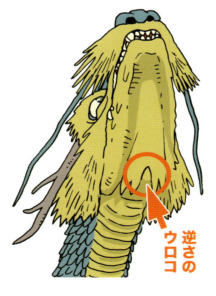

逆さのウロコ

竜胆の花

※龍は竜とも書きます。

音楽の意味のちがい
ブルキナファソの場合

音楽が文字の代

音楽は聞いたり、演奏したりして楽しむものだと思って

日本では、音楽は娯楽の一つとして楽しむことが多いものですが…

 個人で聞いたり、みんなで歌ったりして楽しむ

　日本では、音楽は聞いたり、演奏したりして楽しみます。好きな歌手の曲で元気になる人もいれば、リラックスしたいときに音楽を聞くという人もいるでしょう。ほかにも、楽器の演奏を習ったり、合唱グループに入ったりする人もいます。また音楽は、ドラマや映画で場面を盛り上げたり、CMで強い印象をあたえたりするために、効果的に使われることもあります。学校の音楽の授業は、音楽についての理解を深め、豊かな感性を育てることを目的としています。

音楽には、人々を感動させる力もあるわね。

わりになる国がある？

いたけれど、文字の代わりに使う国があるみたい。

ブルキナファソでは、文字の代わりに太鼓（たいこ）でことばを伝（つた）える文化があります。

ことばの音調（おんちょう）やリズムを太鼓の音で伝える

　西アフリカのブルキナファソに住むモシ族の社会には文字がありません。モシ族の人々が王家の歴史（れきし）を子孫（しそん）に伝えたり、遠くにいる人に用事を伝えたりするときには、太鼓の音が使われます。太鼓の音で、ことばの音調やリズムを表現（ひょうげん）し、周（まわ）りの人たちに伝えることができるのです。こうした役割（やくわり）をはたす太鼓を「トーキングドラム（話し太鼓）」、太鼓で発せられることばを「太鼓ことば」といいます。太鼓の音は、約3km（キロメートル）はなれた場所でも聞こえるといわれ、ある雨の日に太鼓を鳴らすと、遠くにいた家族がかさを持ってきたといいます。

トーキングドラムはどんな太鼓？
　トーキングドラムには、「ルンガ」や「ベンドレ」などがあります。「ルンガ」は、日本の鼓（つづみ）を長く大きくしたような形です。わきにはさんで、ばちでたたいて音を出します。「ベンドレ」は、大きな球形のひょうたんの一部に革を張り、素手でたたく楽器です。

まとめ どうしてちがうの❓

太鼓の音をことばの代わりに使う人々がいるのには、次のような背景があるようです。

1. 世界には、文字をもたない人々がいる。
2. 文字をもたない社会で、用事をより早く遠くに伝えるために太鼓の音が使われる。
3. また、太鼓の音で、王家の歴史などを伝えている。

🌐 いろいろな国の音楽の役割 ✈

世界 ✈

宗教儀式に使われる音楽

ローマ・カトリック教会で古くから歌われてきたいのりの歌を「グレゴリオ聖歌」とよんでいます。聖歌はもともと、ばんそうに楽器を使いませんでした。なぜかというと、楽器を悪魔の道具だと考えていたからです。また、仏教にもお経を歌のようにとなえる「声明」があります。

🇺🇸 アメリカなど ✈

音楽で人を元気にする「音楽療法」

音楽のもっている「人を元気にする力」を、医療に使うこともあります。お年よりに、子どものころに歌っていた音楽を聞かせると元気になったり、病気で気持ちがふさぎこんでいる人に、楽しい音楽を聞かせると明るくなったりします。専門の知識を身につけて、試験を受けることで音楽療法士になれます。

🇨🇲 カメルーンなど ✈

物語を伝える音楽

文字がない社会や、文字があってもごく一部の人しか読み書きができない社会では、物語を口伝えで語りつぎました。そのときに、音楽のようにリズムをつけて伝えることがあったといいます。その文化が今でも残っているところがあります。たとえば、中部アフリカのカメルーンの昔話には、太鼓の音のようにリズミカルな言葉のくり返しや擬音語が多く用いられます。

宗教の儀式などにも、音楽は欠かせないんだ。

アメリカなど

仕事のときも音楽は欠かせない

つらい仕事や、一定のリズムが必要な仕事をするときにも、音楽が大切な役割を果たします。たとえば船をこぐリズムに合わせて歌う船歌や、土木工事のときの歌などがあります。『線路はつづくよどこまでも』はもともと、アメリカの鉄道工事で働く人々の歌です。日本にも農作業のときに歌う『田植え唄（歌）』などの民謡が残っています。

『線路はつづくよどこまでも』は、もともとの歌詞と日本語の歌詞がちがうのよ。

文化あれこれ

 世界

いろいろな音楽のジャンル

・ジャズ

黒人のアフリカ音楽とヨーロッパ音楽が合わさって、アメリカで生まれた音楽。20世紀のはじめにアメリカ南部のニューオーリンズという町から始まりました。「スイング」というはずむような音楽がとくちょうです。また、アドリブといって自由に演奏する部分があります。

・ブルース

アメリカで、ジャズよりも先に生まれていたのが「ブルース」です。「ブルース」とは「ゆううつな気分」を意味します。生活の中の喜びや悲しみを音楽にしたことから生まれました。「ミ」と「ソ」と「シ」の音が半音下がった「ブルース音階（ブルーノート）」という音階で演奏します。

・ロック

アメリカで、ブルースや、リズム・アンド・ブルースから発展したポピュラー音楽です。エレキギターを使い大音量で演奏します。1950年代にエルビス・プレスリーが登場して、大スターになりました。

・ボサノバ

1950年代の終わりに、ブラジルで生まれた音楽です。激しいおどりで知られるサンバから生まれた音楽ですが、サンバのリズムに乗せながらも、ゆったりとした曲調になっています。ささやくような歌い方にとくちょうがあります。

・ラップ・ミュージック

リズムに乗せて歌詞をしゃべるように歌う音楽です。1980年代に、アメリカの黒人の間でブームになり、世界に知られるようになりました。フレーズの終わりを同じひびきにして「韻を踏む」というスタイルです。

見たことある？ 聞いたことある？
世界の楽器

世界には、その国や地域特有の楽器がたくさんあります。オーケストラなどではほとんど使われない楽器ばかりなので、目にしたことはないかもしれませんが、知らないうちに音を耳にしているかもしれませんよ。

♪ チター（ツィター）

オーストリアやスイス、ドイツの南部などに伝わる民族楽器です。箱の上にメロディーをかなでる弦が5本、ばんそうのための弦が30本以上張られています。机の上に置いて、右手の親指に金属でできたツメ（ピック）をつけ、はじいて音を出します。

ばんそう弦
メロディー弦
©Andrzej Solnica-Fotolia.com

♪ テルミン

1920年ごろに、テルミンというロシアの物理学者が考えた、世界初の電子楽器です。箱型の本体にアンテナが2本ついていて、このアンテナに手を近づけたり遠ざけたりして、直接手でふれずに演奏します。左手で音量を変え、右手で音の高さをあやつります。

©michelangeloop-Fotolia.com

♪ 馬頭琴（モリンホール）

物語『スーホの白い馬』でよく知られるこの楽器は、2,000年以上の歴史があるといわれる、モンゴルの遊牧民に伝わる弦楽器です。さおの先（頭部）が馬の頭の形をしているので馬頭琴といいます。琴とついていますが、バイオリンと同じように弓で二つの弦をこすって音をだします。

©agnormark-Fotolia.com

🎵 アルプホルン

スイスのアルプス地方で生まれた楽器です。2m以上もある長い楽器で、端を地面においで使います。指穴はなく、くちびるの動きで音を変えます。もともとは、遠くの人との連絡手段として発達したといわれています。

©Andreas P-Fotolia.com

🎵 パイプオルガン

建物と一体化しており、世界で最も大きな楽器といわれています。鍵盤と大小多くのパイプ（音管）がつながっていて、鍵盤をおしてパイプに風を送り、音を出すしくみです。大型のものでは、全体で1万本以上のパイプがつながっています。

©tomo_0620-Fotolia.com

「チャルメラ」だって、りっぱな楽器！？

「チャルメラ」は、今では少なくなりましたが、日本では屋台のラーメン屋さんがふく楽器として知られています。チャルメラの歴史は古く、4〜7世紀ごろに今のイランで使われていた楽器が元になっています。日本には16世紀ごろに伝わったといわれています。楽器本体の形は中国から伝わったと考えられていますが、「チャルメラ」という名前は、ポルトガル語の「チャラメラ」が元になっているといわれています。

画像提供：明星食品

インスタントラーメンの名前にもなっている「チャルメラ」

> いろいろな楽器を見ていると演奏したくなっちゃうな。うずうずしてきた！

🎵 コントラバスフルート

数字の「4」の字の形をしたフルートで、ふつうのフルートよりも低い音が出ます。1994年に日本で生まれました。長さは約5mで、重さは約12kgもあります。世界に数十本しかない、とてもめずらしいフルートです。

画像提供：㈱グローバル

世界の始まりのちがい インドの場合

世界はどうやっ

世界の始まりを伝える神話は、世界中にいろいろなも

日本には、イザナギとイザナミという神様が世界をつくったという神話がありますが…

『古事記』や『日本書紀』にえがかれる日本の成り立ち

奈良時代の8世紀につくられた『古事記』や、『日本書紀』という歴史書に、日本の成り立ちが記されています。それらによると、世界の始まりは天も地も分かれていない、混とんとした状態だったといいます。そこにさまざまな神が現れては消え、そのうちに天と地が分かれました。やがて、イザナギとイザナミという男女の神が現れ、海にほこ（長い柄をもつ武器）をさしてかき混ぜ、引き上げたときのしずくから日本ができました。イザナギとイザナミはオノゴロ島という最初にできた島に降り立って夫婦となり、数々の島を産み、それが日本列島になったとされています。

イザナギとイザナミが結婚の儀式を行ったとされる沼島の上立神岩。

兵庫県南あわじ市の沼島などがオノゴロ島だといわれているわ。

てできたの？

〜があるみたい。

 インドには、巨人の体から世界が生まれたという神話があります。

世界の始まりを伝える神話がたくさんある

　今から3200年ほど前にまとめられたインドの聖典『リグ・ヴェーダ』には、世界の始まりについての神話がいくつもあります。その一つが、プルシャという千の頭、目、足をもつ巨人の神話です。神々がプルシャをいけにえにすると、頭が天界（天上の世界）、目が太陽、息が風、意識が月、へそが空気、足が大地になったといいます。『リグ・ヴェーダ』には多くの神々が登場し、ギリシャ神話などにもえいきょうをあたえたといわれています。

なぜ神話がつくられたのか

　人間は昔から「この世界はどうやってできたのか」「人間はどのように生まれたのか」という疑問に対して、「神話」をつくって説明してきました。世界の始まりを語る神話は、日本のように男女の神がつくったとするもの、インドのように巨人の体からできたとするもの、キリスト教やイスラム教のように神が一からつくったとするものなど、いくつかのタイプに分けられます。

まとめ どうしてちがうの❓

日本の神話とインドの神話で世界の始まりがちがうのには、次のような背景があるようです。

1 世界中に、各地域の文化や宗教観を反映した、世界の始まりを伝える神話がある。

2 世界の始まりを伝える神話には、さまざまな種類がある。

3 日本の神話は、神が世界をつくったとする「創造型」と、世界が自ら進化したという「進化型」の両方の要素をもつ。

4 インドには、世界の始まりを伝える神話がいくつかあり、プルシャの神話もその一つ。

🌐 いろいろな国の世界の始まりの神話

ペルーなど ✈

チチカカ湖から生まれた世界

南アメリカのアンデス山脈で、13〜16世紀ごろに栄えたインカ文明では、世界の始まりは暗やみで、そこに「ビラコチャ」という神が生まれたとされています。ビラコチャは一度人間をつくりましたが、人間がビラコチャをおこらせたため、その人間たちをほろぼしました。やがて、ビラコチャはチチカカ湖から太陽と月、星を生み出し、さらに今につながる人間をつくったといいます。

イラン ✈

カプセルの中の世界

古代ペルシャ（今のイラン）では、最初に丸いカプセルのような空があったと考えられていました。空の次に海（水）、その次に大地ができ、植物、動物、人間の順につくられ、最後の7番目に火がつくられました。地面は空のまん中に円盤のようにあり、世界ではじめての雨が降ったときに七つの地域に分かれたといわれています。

エジプト ✈

海に浮かんでいた神様

古代エジプトでは、世界が生まれる前、最初の神「アトゥム」が「ヌン」という海に浮かんでいたと考えられていました。あるときアトゥムは丘に上がり、最初の人間である「シュウ」と「テフヌト」をつくったといわれています。

アトゥムは最初、ヘビのような姿だったんだって。

🇬🇷 ギリシャ ✈

カオス（混とん）から始まった

古代ギリシャの詩人であるヘシオドスの『神統記』によると、世界は「カオス（混とん）」という巨大なさけ目から始まりました。そこから暗やみと夜が生まれ、その子どもとして光と昼が生まれました。カオスからは、「ガイア」（大地）と「タルタロス」（底の奥）、「エロス」（愛と生命）という神々も生まれ、それらの神々は、さらにいろいろな神々を生み出したのです。

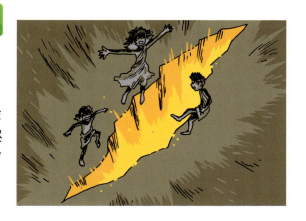

文化あれこれ

世界のいろいろな神様

日本には、七福神やお稲荷さんなど身近な神様がいますが、世界のさまざまな国や地域にも、人々に親しまれている神様がたくさんいます。

・インドラ
　古代インドの聖典の一つ『リグ・ヴェーダ』に登場する神々の王。右手にヴァジュラ（金剛杵）という武器を持っています。雷神でもあり、戦いの神でもあります。のちに仏教に取り入れられ、仏法を守る神「帝釈天」とよばれるようになりました。

・シヴァ
　ヒンドゥー教でもっとも位の高い三大神の一つです。悪魔の息子たちが三つの都市（天界、空、地上）を支配して人々を苦しめていたときに、悪魔を退治して、三つの都市をはかいしました。

・ラー
　古代エジプトの太陽神。ハヤブサの頭をもつ姿でえがかれることもあり、そのときは、コブラの神がかこんだ太陽を頭にのせています。古代エジプトの王であるファラオは、「ラーの子」とされました。

・アフラ・マズダ
　今から3000年前ぐらいにペルシャ（古代イラン）で生まれた「ゾロアスター教（拝火教）」の最高神。知恵、道徳、太陽や、光とやみ、人間、動物などをつくった神で、悪の神と対決します。

・ゼウス
　ギリシャ神話の最高神。父のクロノスは「自分の子にほろぼされるだろう」と予言されていたので、子どもが生まれるたびにのみこんでいました。ゼウスは母のレアによって救われて成長し、のみこまれた兄姉たちを助け出し、父とその仲間の神々と戦って勝利しました。

・ワルキューレ（ヴァルキュリヤ）
　北欧神話に出てくる戦いの女神。馬に乗って空中を移動し、敵と戦いました。名前は「死者を選ぶ女」という意味です。

・オーディン
　北欧神話の最高神。元は風の神でしたが、地位が高まって最高神になりました。グングニルという最強のやりを持ち、2匹のオオカミと2羽の鳥をしたがえています。

物語に登場する動物のちがい　イギリスの場合

干支の物語って、

イギリスの友だちに、日本の干支の物語を教えたら、「

日本では、ネズミが牛を利用したという干支の始まりの話が広く知られていますが…

ネズミは牛の背中に乗っていちばんに

　干支は西暦550年ごろ、中国から日本に伝わりました。日本には、「子、丑、寅…」と続く、12の干支の順番を決めた物語があります。神様の家に着いた順番で決めることになり、ネズミは牛の背中に乗って神様の家に向かい、家の直前で飛び降りていちばんに着いたという話です。ネコは、ネズミからうその日を教えられたために干支に入れず、それからネコはネズミを見ると追いかけるようになったということです。また、13番目に着いたカエルは干支に入れず「もうカエル」と言って帰ってしまい、ツバメはけしょうをしていておくれてしまったそうです。

物語の内容は、地域によって少しずつちがうのよ。

ほかの国にもあるの？

ギリスにも似ている話があるけど、動物がちがう」って言っていたよ。

🇬🇧 イギリスには、ミソサザイがワシを利用していちばんになる話があります。

 ## どちらが高く飛べるかをきそった

イギリスの北部のスコットランドには、日本の干支の物語に似た『ワシとミソサザイ』という民話があります。鳥の王様を決めるとき、ミソサザイが「私のほうが高く飛べる」と言ってワシに戦いをいどみました。ミソサザイはワシに気づかれないようにワシの頭に乗り、ワシが高くまで飛ぶと、ワシの頭から飛び立ってワシよりも高く飛んだという話です。ヨーロッパでは、ミソサザイは小さいけれど知恵を働かせる鳥として親しまれています。

ミソサザイ

世界の物語には共通する部分がある

日本の「牛とネズミ」も、イギリスの「ワシとミソサザイ」も、動物が競争していちばんを決めるというお話です。さらに、小さな動物が大きな動物を利用するという点も似ています。このように、世界には遠くはなれた国でも、同じような物語があるのです。この二つの話では、小さな動物が大きな動物を出しぬくというところが共通のおもしろさなのですね。

まとめ どうしてちがうの？

似ている話なのに、日本とスコットランド（イギリス北部）で登場する動物がちがうのには、次のような背景があるようです。

1 世界中には似たような物語が伝わっているが、登場する動物は、その国で親しまれるものになっている。

2 昔話の多くはインドなどの古代文明から始まり、長い時間をかけて各地へ伝わる中で登場する動物が変わったり、新しい要素が加わったりした。

いろいろな国の似ている物語

🇮🇪 アイルランド

別世界に行ってもどってくる

『浦島太郎』のように、別世界に行って帰ってくるという物語は世界各地にあります。アイルランドの「オラーン」という若者の物語は特によく似ていて、別の世界ではわずかしか過ごしていないのに、元の世界にもどってみると数百年もたっているのです。彼が乗っていた馬から落ちて、おじいさんの姿になってしまうところも似ています。

🇩🇪 ドイツ

こうかんをくり返して一文無しに

『わらしべ長者』は1本のわらから始まって、次々に持ちものを取りかえていき、最後は大金持ちになるという昔話です。一方グリム童話には、逆にどんどん小さいものや値段の安いものと取りかえていく『しあわせハンス』という物語があります。主人公のハンスは、最後に何もなくなりますが、ほっとした気持ちになります。

🇮🇳 インド

動物が集まって敵をたおす

『さるかに合戦』のように、いろいろな動物や物が集まって、敵の動物をたおす物語も世界各地にあります。しかし、登場するキャラクターが地域ごとに少しずつちがいます。たとえばインドには、スズメが王にさらわれた妻を取り返すために、箕（ざるのようなもの）、ほうき、はち、川が協力して王をたおすという物語があります。

各地域でなじみのあるキャラクターに変わっているんだね。

イギリス

別世界の女性と結婚する

日本には『天の羽衣伝説』という伝説があります。天女の羽衣を男がうばってかくしてしまい、天女と結婚して暮らしますが、やがて天女は羽衣を見つけてさっていくという話です。イギリスにも似た話があります。天女ではなく、アザラシが毛皮をぬいで美しい女性になったところ、男に毛皮をかくされてしまい、その男と結婚するという物語です。『天の羽衣伝説』と同じように、最後は女性が毛皮を取りもどして海に帰っていきます。

文化あれこれ

豆知識 フランス

ただずるいだけのキツネ

キツネは日本では、化けて人間をだますいたずらものというイメージがある一方で、お稲荷さんの使いという神聖な役割もになっています。しかしフランスでは、キツネがずるがしこく、だます点は同じですが、だます相手は人間ではなく動物です。また、化けることはほぼなく、神の使いのような神聖なイメージもないのです。昔からフランスの人々の暮らしに近いところにいたキツネは、民話にたびたび登場する動物ですが、飼っている鳥などをおそうため、あまりいいイメージがないようです。

豆知識 インド

ずるくてうっかりものの亀

亀は日本では長生きの動物として、めでたく神聖な動物とされています。浦島太郎を竜宮城に連れていく、重要な役割もになっています。このような神聖なイメージは、昔、中国や日本などの東アジアで、亀のこうらを使ったうらないで重大なことを決める習慣があったことと関係があるようです。一方、世界には亀をありがたい生きものとは考えていない国もあります。たとえば、インドには『二羽の雁と亀』という物語があります。亀が雁をだまして自分を遠くの池に運んでもらおうとしますが、自分がうっかりしたために、落ちて死んでしまうのです。

29

歌い方のちがい　モンゴルの場合

一度に2つの音を

モンゴルから来た友だちのお父さんが歌を歌ってくれた

日本では、1人で一つのメロディーしか歌いませんが…

 音程がはずれないように歌う

　音楽の授業の合唱では、音の高さなどがちがうパートをみんなで分担して歌うことで、美しいハーモニーを生み出します。ふつう一度に1人でいくつものパートを歌うことはできないので、1人が一つのメロディーしか歌いません。このとき大切なのは、きれいなハーモニーを生み出すために、1人ひとりが音程をはずさないように歌うことです。

　こうした考え方は、西洋音楽に基づいています。日本では、明治時代に西洋音楽を音楽教育に取り入れました。西洋音楽では楽譜どおりに歌ったり、演奏したりするのが基本なのです。

演歌の"こぶし"は、音をのばすときに音程をはずす、日本独特の歌い方よ。

出す歌い方があるの？

だけど、うなってるみたいな変わった歌い方だったんだ。

モンゴルには、1人で二つの音を出す"ホーミー"という歌い方があります。

のどで出す低い音と高い音からなる

　ホーミーは、のどに力を入れて、低い、つぶれたような声を出し続け、同時に高いメロディーのような声を出す歌い方です。"のど歌"ともよばれます。モンゴルなどの東アジアの国々で見られ、牧畜をしながら移動して暮らす遊牧民が風の音をまねたのが始まりともいわれています。ホーミーは、のどで出し続ける低い音に混じっている高い音を、口の中で大きくひびかせています。そのため、1人で二つの音を同時に出せるのです。

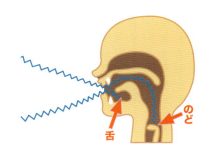

楽譜どおりの西洋音楽

　古代ギリシャでは、音楽は数学者が研究するテーマでした。今から2600年ほど前の数学者ピタゴラスは、心地よい音階を計算で導き出したといわれています。9世紀ごろには、今の楽譜の原型が考えられ、だれもが曲を同じように再現できるように改良されていきました。西洋音楽はこのように発展し、楽譜どおりに歌ったり、演奏したりすることが基本になったのです。

まとめ どうしてちがうの？

日本とモンゴルでちがう歌い方があるのには、次のような背景があるようです。

1 西洋音楽では、楽譜どおりに演奏したり歌ったりするのが基本になっている。

2 日本では、明治時代に西洋音楽を音楽教育に取り入れたため、西洋音楽の歌い方が一般的になった。

3 モンゴルは、もともと広大な土地を移動する遊牧民の国で、土地にふく風の音をまねしてホーミーという歌い方が生まれたといわれている。

いろいろな国の歌い方

🇨🇭 スイス

アルプスにひびくヨーデル

「ヨロレリホー」とひびきわたるヨーデルという歌い方は、アルプス地方で生まれました。裏声を使った高い音域と、地声を使った低い音域をくり返しきりかえる歌い方にとくちょうがあります。そのような歌い方になった理由は、山にかこまれて移動が大変な地域なので遠くに伝わりやすいようにしたという説や、山びこが元になっているという説、動物の鳴き声をまねているという説など、さまざまです。

🇧🇬 ブルガリア

不協和音で歌う

東ヨーロッパのブルガリアに伝わる女声の合唱「ブルガリアンボイス」には、不協和音という、うまく調和していない不安定な音が多く使われています。また、日本の民謡や演歌などで用いられる「こぶし」の声の出し方と同じように、のどをしめつけるようにして歌うのもとくちょうです。

🇮🇳 インド

太鼓の音を声で表現

南インドには、太鼓のリズムを声で表す「ショルカットゥ」という歌があります。たとえば「タキタタキタ」のように、太鼓の音のちがいを声で表します。このような歌を「口唱歌（口太鼓）」といいます。日本にも「口三味線」といって、三味線の音をことばで表す方法がありますが、あくまでも練習用で、「ショルカットゥ」は、演奏として行われます。

| 🇨🇳 中国 ✈

歌でけんかをする

　中国南西部に住むモソ族の人々は、「グァララ」という歌のけんかをします。相手への不満などを、メロディーにのせて、たとえなども使いながら伝えます。ことばで伝えると相手にいやな思いをさせてしまうこともありますが、歌にすることで「遊び」のように聞けるため、気持ちにゆとりが生まれるといいます。

文句を言われても、歌なら笑顔でいられるかも。

文化あれこれ

世界のさまざまな音階

　音を高さの順に並べた音階は、音楽の授業で習う「ドレミファソラシド」だけではありません。音楽の種類や国によって、いろいろな音階があります。

・ヨナヌキ音階

　7音階の4番目の「ファ」と7番目の「シ」をぬいてつくった5つの音の音階で、世界中に伝わっています。日本では明治時代にこのようによばれはじめました。日本の伝統音楽の音階に似ています。

・琉球音階

　沖縄民謡などで使われている音階です。「レ」と「ラ」の音がぬけた5音からなります。

・ブルーノート

　ブルースやジャズ(p.19)で使われる音階です。「ミ」と「ソ」と「シ」の音が半音ずつ下がっていて、大人っぽいふんいきの音になります。

たくさんの音階があるんだね。

アメリカのマンガ

マンガに対する考え方のちがい　アメリカの場合

アメリカの友だちが、「日本では1人でマンガをか〈

日本のマンガのキャラクターは、基本的にそのマンガの作者が1人でかきますが…

 日本のマンガは作者のもの

　日本では、マンガは小説や絵などと同じように、作者の自己表現の一つという考え方があります。そのため、作品そのものが大切にされるのはもちろんですが、だれの作品かということも重要だと考えられ、特定のマンガ家のファンになる読者が多くいます。

　マンガづくりでは、最初はほとんどのマンガ家が、ストーリーを考えるところからせりふ、コマわり、絵、仕上げまですべて1人で行います。作品が人気になっていそがしくなると、細かい作業はアシスタントが行うようになります。

は、たくさんの人がかく❓

の？」っておどろいていたんだ。

アメリカでは、同じキャラクターをたくさんの人がかくのがふつうです。

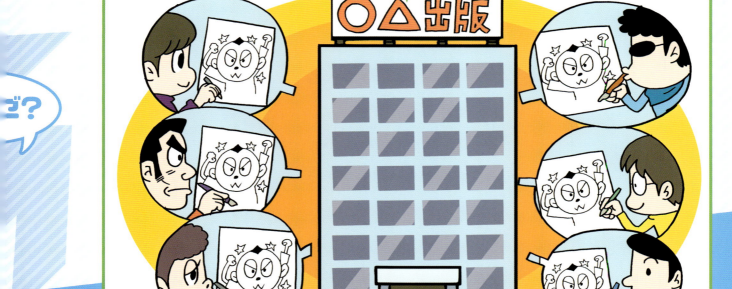

長く続くキャラクターを大事にしてきた

　アメリカでは多くの場合、マンガの権利を出版社がもっています。そのため、日本のようにだれがかいたマンガかはそれほど重要ではなく、同じタイトルの、同じキャラクターが登場するマンガでも、多くのちがう作者がかいています。

　マンガのつくり方も日本とはちがい、完全な分業制です。ストーリーを考える人、絵をかく人、色をつける人などに細かく分かれています。

 マンガ家をめざす目的のちがい
　日本では、自分の作品を読んでもらいたいという思いでマンガ家をめざしますが、アメリカでは、すでに存在する「大好きなあのキャラクターをかきたい」という思いから、マンガ家をめざす人が多いといいます。ただし、スヌーピーで知られる『ピーナッツ』の作者チャールズ・M・シュルツのように、自分の死後にほかのマンガ家がこの作品をかいてはいけないと遺す人もいます。

35

まとめ どうしてちがうの？

日本とアメリカでマンガに対する考え方がちがうのには、次のような背景があるようです。

1 日本では、マンガはマンガ家が自分の個性を表現した作品だという考え方が大きいので、マンガはマンガ家のものだととらえられている。

2 アメリカでは、出版社がマンガの権利をもっているので、だれがかくかはあまり重要ではない。ストーリーを考える人や絵をかく人は次々と変わる。

いろいろな国のマンガにまつわる話

🇺🇸 アメリカ

新聞のマンガは横書き

日本と同じように、アメリカでも新聞にマンガがのっています。ただし、日本の4コママンガがたてに読むのに対し、アメリカのマンガは横にコマが並んでいます。これは、日本語がたて書き、英語が横書きであるためです。なお、アメリカの新聞のマンガは新聞社がマンガ家に直接依頼するのではなく、多くの場合「シンジケート」という配信会社が依頼します。アメリカは国土が広く、地方新聞が何千とあるため、配信会社がマンガの権利をもち、各新聞社にマンガを売っているのです。

🇫🇷 フランスなど

マンガのよび方はいろいろある

「マンガ」ということばは、海外でもそのまま「manga」として通じるようになってきましたが、それぞれの国でちがうよび方もあります。たとえばフランスでは「bande dessinée」といいます。「bande」は帯状のもの、「dessinée」はえがかれたという意味です。アメリカでは新聞のマンガを「comic strip」といいます。「comic」はマンガ、「strip」は細長い切れ端といった意味です。もともと「comic」は「こっけいな」という意味なので、アメリカではマンガは人を笑わせるものとして始まっていることがわかります。一方、フランスの「bande dessinée」に「おもしろい」という意味合いはありません。また、英語には「cartoon」ということばもあり、これはそのときどきの話題をあつかった、新聞の1コママンガやアニメもふくまれます。今では、日本のマンガのように長いストーリーをもつものを「graphic novel」とよぶようになっています。

海外でのマンガのよび方

国	よび方	意味
フランス	bande dessinée／バンド・デシネ	マンガ全般
アメリカ	comic strip／コミック・ストリップ	新聞のマンガ
アメリカ	cartoon／カートゥーン	新聞の1コママンガやアニメ
アメリカ	graphic novel／グラフィック・ノベル	長いストーリーのマンガ

🇺🇸 アメリカ ✈

マンガは書店で売っていない

日本では、マンガ本やマンガ雑誌が書籍などといっしょに書店で売られていますが、アメリカの書店ではほとんどマンガをあつかっていません。マンガは雑誌としてあつかわれるので、雑誌を売る売店やマンガ専門店、日系の書店でないと手に入らないといいます。1冊のページ数も、日本のマンガ雑誌が数百ページあるのに対して、32ページぐらいしかありません。

フランスでは書店やスーパーマーケットでも売っているんだって。

文化あれこれ

絵で楽しむ文化の日本

日本には、昔から絵で物語を伝えたり楽しんだりする文化がありました。こうした文化が、日本のマンガ文化につながっているのかもしれません。

トップ絵師が絵のえがき方を教える

昔の日本には、絵巻物という書物があり、古くから絵で物語を伝える文化がありました。「漫画」ということばが出てくるのは江戸時代です。それは、浮世絵師の葛飾北斎による『北斎漫画』です。「漫画」といっても、現代のマンガとはちがい、絵の愛好家に向けてえがいた手本集で、いろいろな場面の人間の姿、動物や日用品などの手本が数多くのっています。とても人気があり、1814年に初編が発行されてから、1878年まで15編が発行されました。

風を表現した『北斎漫画』の一つ。　　画像提供＝国立国会図書館

クイズと絵が合体した「判じ絵」

絵でできた判じ物（クイズ）を「判じ絵」といい、江戸時代の人々の間でとても親しまれていました。1文字や2文字のことばの絵を組み合わせたり、絵に濁点をつけたり、物を擬人化（人の姿にすること）してえがいたりしています。

◀頭が魚のタイになっている子どもで「たいこ」を表している「判じ絵」。

「しん板手あそびづくしはんじもの（部分）」画像提供＝国立国会図書館

世界に飛び出す！日本のアニ

日本のアニメやマンガは、世界中で人気を集めています。ほか、テレビアニメやアニメ映画も世界中で放送・上映が行われ、多くの来場者があるそうです。日本のアニメ・

1 始まりは『鉄腕アトム』

1963年、手塚治虫のアニメ『鉄腕アトム』がアメリカでテレビ放送を開始しました。タイトルは『ASTRO BOY』。日本で放送が始まってから約半年後という早さでの海外進出でした。アメリカでも大ヒットとなり、日本のアニメが本格的に注目されるきっかけになりました。

© 手塚プロダクション・虫プロダクション

2 アニメのアメリカ進出続く

『鉄腕アトム』の成功を受けて、『鉄人28号』『ジャングル大帝』などがアメリカでテレビ放送を開始しました。1970年代になると、大型ロボットアニメ『マジンガーZ』や5人組みのヒーローが活躍する『科学忍者隊ガッチャマン』なども放送されました。

3 少女マンガはアジアからヒット

1975年に少女マンガ雑誌『なかよし』で連載が始まったマンガ『キャンディ♥キャンディ』は、アニメがアジアで人気になりました。のちにマンガ本が翻訳されてヨーロッパにも広まると、フランスで約1500万部も売れるベストセラーになりました。その後、いろいろなマンガが外国語に翻訳されるようになりました。

4 『世界名作劇場』が世界で受け入れられたわけ

『フランダースの犬』や『母をたずねて三千里』などのテレビアニメ『世界名作劇場』シリーズは、現在もヨーロッパやアジアなどさまざまな国々で放送されています。だれもが知っているような児童文学を原作にしていることが、多くの国々に受け入れられた理由の一つだといわれています。また、物語の舞台となる国のようすを正確にえがいているため、国によっては自分の国でつくったアニメだと思う人もいるそうです。

フランダースの犬 ©NIPPON ANIMATION CO., LTD.

メ・マンガ

数多くのマンガが各国の言語に翻訳されて売られているされています。また、日本のアニメやマンガのイベントマンガの、海外進出の歴史をみてみましょう。

7 日本のクリエイターも世界進出！

アメリカでは、毎年クリスマスイブに『ルドルフ　赤鼻のトナカイ』という、人形アニメの映画が放送されます。1964年にはじめて放送されてから、50年以上がたつこの人形アニメの監督は、長年にわたり日本人がつとめてきました。昔からアニメの世界では、作品だけでなく、作り手としても日本人が世界にはばたいて活躍してきたのです。

5 スタジオジブリが世界で人気に

日本で大人気のスタジオジブリのアニメは、1994年に『となりのトトロ』のビデオテープがアメリカで発売され、約50万本を売り上げました。その後、『千と千尋の神隠し』が公開されると、アカデミー賞をはじめ世界中でさまざまな賞を受賞し、スタジオジブリの名前は世界的に知られるようになりました。

千と千尋の神隠し
© 2001 Studio Ghibli・NDDTM

私の小説もいつか世界中の人に読んでもらえるようにがんばらなくちゃ！

8 名選手を育てた日本のアニメの力

世界的にヒットしたスポーツアニメの一つに、サッカーをテーマにした『キャプテン翼』があります。マンガ本も外国だけで1,000万部以上を売り上げました。ヨーロッパのクラブで活躍する選手たちの中にも、「子どものころに夢中になった。」「キャプテン翼のおかげでプロになれた。」という選手が数多くいるのです。

6 ゲームなども大ヒット

マンガやアニメだけでなく、ゲームのキャラクターも世界に進出します。1983年に日本で発売された「ファミリーコンピュータ」は、外国でも大人気となり、ゲームソフト『スーパーマリオブラザーズ』のマリオは、世界に通じるキャラクターになりました。1996年発売の『ポケットモンスター』は、ゲームからはじまり、アニメ、映画も製作されました。"ポケモン"の人気は長く続き、スマートフォン向けアプリ『ポケモンGO』の世界的な大ヒットへとつながります。

キャプテン翼のTシャツを着ている元サッカーイタリア代表のジラルディーノ選手。
写真：AP／アフロ

音楽はどのようにして生まれたの?

音楽や楽器はどのようにして生まれたのでしょうか。
その歴史をたどってみましょう。

音楽の始まり

　音楽は壁画や石器などとちがい、その場で消えてしまうので、人類最初の音楽がどのようなものだったのかということはわかっていません。しかし、ことばが生まれるよりも前から、人間は風の音や動物の鳴き声などの自然の音に耳をかたむけ、手や足で音をたて、声を出して音楽をつくっていったのではないかと考えられています。音楽は、人間の気持ちを高ぶらせたり、逆に落ち着かせたりします。音楽のこうした不思議な力は宗教儀式と結びついて、欠かせないものになっていきました。

風にゆれる草木の音も音楽の始まりだったかもしれません。

世界最古の楽器

　世界最初の楽器は人間の声と手拍子、足拍子だったと考えられています。その後、草のくきに息をふきこむと高い音が出ることや、ぼうで石や丸太をたたくとリズムがきざめることを知って、ドンドンと音を出すための道具をつくり出したのではないでしょうか。現在発見されている最古の楽器は、ドイツ南部のどうくつで発見された、マンモスのきばや鳥の骨に穴をあけたフルートの原型のようなもので、およそ4万年前のものと考えられています。

骨からつくられた古い笛。
©spphotos-Fotolia.com

楽器の発展

　管楽器の元は牛や羊などの角でした。角は空洞なので、先端に穴をあけて息をふきこむと音が出ました。その後、管の途中に穴をあけて指を当てたりはずしたりして音階が演奏できるように発展したものと、管がどんどんのびて丸くまいた形になったものが生まれました。時代が進むにつれて音域と音質、音量が向上し、現在のような木管楽器や金管楽器になりました。
　弦楽器は弦をはじいたり、弓でこすったりして音を出します。バイオリンは西アジアのラバーブという楽器などが元になったといわれています。

管を丸くまいた形で発展したホルン。
©goldpix-Fotolia.com

日本の伝統楽器

🎵 笙と篳篥

　日本の伝統的な音楽である雅楽などに使われる笛の仲間です。笙は17本の細い竹の管が筒のような箱に差しこまれています。箱にはふきこみ口がついていて、ふいても吸っても音が出ます。篳篥は、前面に7つ、背面に2つの指穴があいたたて笛です。アシのくきをリードにしてふき口に差しこみ、これを口でくわえて音を出します。

笙　　　　　　　　　　　　　　篳篥
©pocketalbum-Fotolia.com　　©kazukied2-Fotolia.com

🎵 琴

　一般的に「琴」という名前でよばれる楽器は箏のことです。胴に13本の弦が張られていて、弦は柱（じ）とよばれる支柱の上に乗っています。演奏者は右手の親指と人さし指、中指に爪（ピック）をはめて弦をはじきます。左手は、弦を押さえたりつまんだりして音の高さを変えます。17本の弦を張った「十七弦」は低音を出せます。ピックと素手で演奏する、日本古来の「和琴」などもあります。

🎵 三味線

　四角い胴に棹が通っていて、3本の弦が張られた弦楽器。皮を張った胴の部分に弦の振動が伝わり、音がひびきます。棹の太さによって「細棹」「中棹」「太棹」の3種類に分かれます。中国の三弦が、今の沖縄に伝わって三線となり、さらに本州に伝わって、三味線になったといわれています。

祭りで三味線を演奏する男性。

🎵 小鼓と大鼓

　能楽での演奏や長唄、歌舞伎のはやしに使われる打楽器。小鼓は馬、大鼓は馬か牛の皮を、胴の両端に調緒というひもで張ります。小鼓は左手で調緒を持って右肩にのせ、右手で打ちます。大鼓は左手で調緒を持って左腿の上にのせ、右手で打ちます。右手には和紙で作られた指皮という固いサックのようなものをつけます。大鼓の方が高く金属的な音が出ます。

名前に大と小がつくが、大きさはそれほど変わらない。

音楽と物語

物語はどのようにして生まれたの？

神話や昔話などは、とても古くからある物語です。
最初の物語とは、どんなものだったのでしょうか？

人類最初の物語は？

文字ができるはるか以前から、人間は神話や伝説、歴史などの物語を口で伝えてきました。これまでに発見されたなかで、文字になっている最も古い物語は今から5,000年ほど前に完成した『ギルガメシュ叙事詩』です。これは古代メソポタミアの英雄であるギルガメシュの戦いと不老不死を求めた冒険の物語で、いくつかの物語をギルガメシュという一人の人物を主人公にしてまとめたものだと考えられています。こうした古代の物語は各地に広がり、多くの物語の原型になりました。

古代メソポタミアのウル王朝の遺跡。ギルガメシュは、ウル王朝の王だったといわれている。
©homocosmicos-Fotolia.com

物語を広めた大発明

文字は長い間一部の人しか読み書きできず、本を広めるには書き写すしか方法がなかったため、文字にまとめられた物語は、ごく一部の人のものでした。15世紀になって印刷術が実用化されると、本が多くの人々にとって身近なものになり、文字を読み書きできる人が増えました。そして、聞いたことを口伝えで受け継いできた物語は本によってより多くの人に伝えられるようになりました。本を通して、いろいろな物語が一般の人々に広まっていったのです。

芸術の一分野として確立

17世紀にセルバンテスの『ドン・キホーテ』、18世紀にウォルター・スコットの歴史小説などが登場すると、物語に芸術としての価値が認められるようになりました。18〜19世紀にかけては「ロマン主義の時代」とよばれ、人間らしさに注目した物語が数多く生み出されました。また、20世紀になると、第一次世界大戦などの社会不安が、作家の書く物語にもえいきょうしました。

物語は社会を映す鏡としての役割を果たすとともに、いつの時代においても読者の心を動かす力をもっています。

スペインのマドリッドにあるセルバンテスの像（中央奥）。手前はドンキホーテとサンチョパンサ。
©Anibal Trejo-Fotolia.com

さまざまな古典の名作

古代ギリシャの名作叙事詩

古代ギリシャで生まれ、今でも読み継がれているのが、紀元前8世紀ごろにホメロスによってつくられたとされる叙事詩『イリアス』と『オデュッセイア』です。これは実際にあったトロイア戦争のてんまつと、その戦争に参加した戦士オデュッセウスが故郷に戻るまでの冒険物語です。物語のなかには、愛や裏切り、悲しみ、家族、戦争、死など、現代文学と変わらないテーマがえがかれています。

『オデュッセイア』の1場面
写真提供＝ユニフォトプレス

日本が世界にほこる長編物語

平安時代中期の11世紀に成立した『源氏物語』は、光源氏という人物を主人公に、恋愛を中心に貴族社会の様子をえがいた長編物語です。作者とされる紫式部は、藤原道長の長女に仕えていました。数多くの恋愛とともに、平安貴族のくらしのようすなどが細かにえがかれているいっぽう、自分がしたことの報いを受けるなど仏教的な価値観も感じられます。

源氏物語の世界をえがいた『源氏物語絵巻』の一場面
画像提供＝国立国会図書館

西洋文化に大きなえいきょう

14世紀前半に書かれた『神曲』は、イタリアの詩人だった、ダンテの代表作です。「地獄編」「煉獄編」「天国編」の3部からなり、主人公のダンテが、古代ローマの詩人に導かれて、地獄、煉獄、天国をめぐるという物語です。ダンテをはじめ、実在の人物の名前が多く登場しています。また、聖書や哲学書、詩集などの一節が引用されるほか、天文学や測量学の知識も取り入れた、その時代の文化が結集した作品でもあります。その後の文学だけでなく、ヨーロッパの思想全体に大きなえいきょうをあたえました。

教会の前にたつダンテの像
©vvoe-Fotolia.com

この本で紹介した国と地域

🇮🇱 イスラエル
（紹介ページ：11）

正式名称◆イスラエル国　面積◆2.2万 km²（日本の約0.6割）
人口◆819万人（2016年）　首都◆エルサレム（国際的には認められていない）　おもな言語◆ヘブライ語、アラビア語　宗教◆おもにユダヤ教

　西アジアにある、日本の四国ほどの小さな国です。1948年にユダヤ人がつくった国で、国民のほとんどがユダヤ教を信仰しています。イスラエル建国によって、それまでこの地に住んでいたアラブ系の人々（パレスチナ人）が土地をおわれ、これが現在まで続くパレスチナ問題に発展しました。ユダヤ教・キリスト教・イスラム教の聖地であるエルサレムのほか、塩分濃度が高く人が浮かぶ不思議な湖・死海が観光地として人気です。

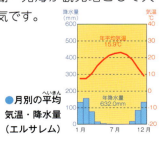

●月別の平均気温・降水量（エルサレム）

モンゴル
（紹介ページ：20、30〜32）

正式名称◆モンゴル国　面積◆156.4万 km²（日本の約4倍）
人口◆301万人（2016年）　首都◆ウランバートル
おもな言語◆モンゴル語　宗教◆伝統信仰、チベット仏教（ラマ教）

　東アジアに位置する内陸国です。国土の約8割を占める草原では、羊・ヤギ・馬などの遊牧が行われており、移動に便利な組み立て式の「ゲル」とよばれる住居がみられます。13〜14世紀にモンゴル帝国が成立し、アジアからヨーロッパにまたがる大帝国に発展しました。毎年開かれるナーダムという祭りでは、乗馬やブフ（モンゴル相撲）などが行われ、盛大に祝われます。日本の大相撲ではたくさんのモンゴル出身の力士が活躍しています。

●月別の平均気温・降水量（ウランバートル）

44

アイルランド

(紹介ページ：14、28)

正式名称◆アイルランド　面積◆7.0万km²（日本の約5分の1）
人口◆471万人（2016年）　首都◆ダブリン　おもな言語◆アイルランド語、英語　宗教◆おもにキリスト教（カトリック）

　ヨーロッパ北西部のアイルランド島にある国です。古くからイギリス（イングランド）の支配を受け、一時はイギリスに組みこまれましたが、1938年に独立しました。ヨーロッパに古くから住むケルト系の人々が住み、ケルトにまつわる文化や遺跡が残ります。ゲーリックフットボールやハーリングなどは、この国ならではスポーツです。産業は、麦の栽培や牛・羊の飼育などの農牧業が中心でしたが、近年は工業化が進められています。

●月別の平均気温・降水量（ダブリン）

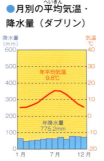

イギリス

(紹介ページ：8～10、12～14、26～29)

正式名称◆グレートブリテンおよび北アイルランド連合王国　面積◆24.2万km²（日本の約3分の2）　人口◆6511万人（2016年）　首都◆ロンドン　おもな言語◆英語　宗教◆おもにキリスト教（イギリス国教会）

　イングランド、スコットランド、ウェールズ、北アイルランドの4つの地域からなる連合王国です。18世紀後半から世界初の産業革命が起こり、「世界の工場」とよばれる工業国となりました。それにともない、世界各地を植民地支配して「大英帝国」として栄えました。第一次世界大戦後、国力はおとろえましたが、首都ロンドンは世界金融の中心地のひとつであるなど、現在でも世界的な影響力をもっています。

●月別の平均気温・降水量（ロンドン）

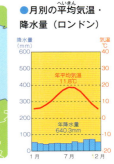

スイス

(紹介ページ：20、21、32)

正式名称◆スイス連邦　面積◆4.1万km²（九州とほぼ同じ）　人口◆838万人（2016年）　首都◆ベルン　おもな言語◆ドイツ語、フランス語、イタリア語など　宗教◆おもにキリスト教（カトリック、プロテスタント）

　ヨーロッパ南部に連なるアルプス山脈に面する国です。この国の魅力はなんといっても自然の美しさです。マッターホルンをはじめとする山々と湖がおりなす美しい風景を求めて、世界中からたくさんの登山客、観光客がやってきます。他国で戦争が起きても参加しないことを宣言している「永世中立国」で、ヨーロッパの多くの国々が加盟するヨーロッパ連合（EU）にも加盟していません。高級時計やチョコレートの産地としても知られています。

●月別の平均気温・降水量（チューリッヒ）

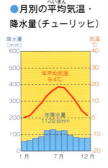

スコットランド

(紹介ページ：9、10、27、28)

面積◆7.8万km²（日本の約2割）
人口◆530万人（2016年）
おもな言語◆英語　宗教◆おもにキリスト教（プロテスタント）

　イングランド、ウェールズ、北アイルランドとともにイギリスを構成する地域です。なだらかな丘陵地が広がり、北部には「ネッシー」で有名なネス湖があります。もともとは独立国で、長い間イングランドと抗争を繰り広げてきましたが、1707年にイングランドと合併してイギリスの一部になりました。こうした歴史的背景から伝統的に独立志向が強く、2014年にはイギリスからの独立を問う国民投票が行われましたが、否決されました。

●月別の平均気温・降水量（エディンバラ）

※気温・降水量データは『理科年表』（平成28年版）などを、国勢データは『世界国勢図会』『データブック・オブ・ザ・ワールド』などを参照しました。

ブルガリア

（紹介ページ：32）

正式名称◆ブルガリア共和国　面積◆11.1万km²（日本の約3分の1）
人口◆710万人（2016年）　首都◆ソフィア
おもな言語◆ブルガリア語　宗教◆おもにキリスト教（ブルガリア正教）

　ヨーロッパの東部に位置し、ヨーロッパ第2の大河ドナウ川が流れ、東は黒海に面します。夏と冬の気温差が大きく、首都ソフィアは、夏は40度を超え、冬はマイナス30度にもなります。山地で牧畜が行われており、ヤギの乳からつくるチーズや「ブルガリアヨーグルト」の名で知られるヨーグルトの生産が有名です。ヨーグルトの一人当たりの消費量は世界有数です。南部には、「バラの谷」とよばれる世界的なバラの産地があります。

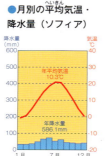
●月別の平均気温・降水量（ソフィア）

エジプト

（紹介ページ：24、25）

正式名称◆エジプト・アラブ共和国　面積◆100.2万km²（日本の約2.7倍）　人口◆9338万人（2016年）　首都◆カイロ
おもな言語◆アラビア語　宗教◆おもにイスラム教

　アフリカ大陸の北東部に位置し、世界最長のナイル川が流れます。国土のほとんどが砂漠で、年間を通じて雨はほとんど降りません。紀元前3000年ごろにナイル川流域でエジプト文明が栄え、現在もピラミッドやスフィンクス、アブシンベル神殿など、当時の繁栄をしのばせる貴重な遺跡がたくさんあります。国民のほとんどがアラブ人で、その多くがイスラム教を信仰しており、町中には多くのモスクがみられます。

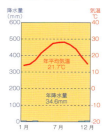
●月別の平均気温・降水量（カイロ）

カメルーン

（紹介ページ：18）

正式名称◆カメルーン共和国　面積◆47.6万km²（日本の約1.3倍）　人口◆2392万人（2016年）　首都◆ヤウンデ　おもな言語◆フランス語、英語　宗教◆おもにキリスト教（カトリック、プロテスタント）、伝統信仰

　アフリカ大陸西部のギニア湾に面する国です。北部にサバナ（草原）、南部に熱帯林が広がります。西部にあるカメルーン山は活火山で、2012年にも噴火しました。ドゥアラ族、バミレケ族、バムン族など240もの民族からなる多民族国家で、ドイツ、イギリス、フランスの植民地支配を受けました。政情が不安定なアフリカにあって、政治は比較的安定しています。コーヒー豆、カカオ豆、綿花の生産がさかんで、石油が産出します。

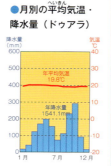
●月別の平均気温・降水量（ドゥアラ）

ブルキナファソ

（紹介ページ：16、17）

正式名称◆ブルキナファソ　面積◆27.3万km²（日本の約7割）
人口◆1863万人（2016年）　首都◆ワガドゥグー
おもな言語◆フランス語　宗教◆おもにイスラム教

　アフリカ大陸西部にある内陸国です。国土の多くがサバナ（草原）で、雨季と乾季の2シーズンに分かれます。かつてフランスの植民地支配を受けたため公用語はフランス語ですが、そのほかにも60以上の部族語が話されています。産業の中心は農業で、稲作、タロイモなどの栽培が行われ、とうもろこしの粉でつくられたトウが主食です。国名は現地語で「高潔な人々の国」を意味します。

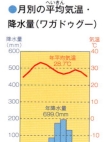
●月別の平均気温・降水量（ワガドゥグー）

 ## ペルー

（紹介ページ：6、24）

正式名称◆ペルー共和国　面積◆128.5万km²（日本の約3.4倍）
人口◆3177万人（2016年）　首都◆リマ
おもな言語◆スペイン語　宗教◆おもにキリスト教（カトリック）

　南アメリカ（南米）の太平洋側に位置し、アンデス山脈が連なります。南米でも特にインディオ（先住民）の割合が高い国のひとつで、その多くはアンデス地方でリャマやアルパカの放牧を行っています。13～16世紀前半にはインカ帝国の中心地として栄えましたが、スペインによって滅ぼされました。インカ帝国の遺跡「マチュピチュ」や「ナスカの地上絵」など観光資源が豊富です。20世紀初めに日本から多くの人々が移住したため、現在も多くの日系人が住んでいます。

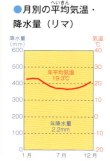

●月別の平均気温・降水量（リマ）

 ## タヒチ

（紹介ページ：4～6）

面積◆0.4万km²（四国の約4分の1）　人口◆28万人（2015年）
おもな言語◆フランス語、タヒチ語　宗教◆おもにキリスト教
※面積と人口はフランス領ポリネシアの数値。

　南太平洋のフランス領ポリネシアにある、タヒチ島を中心とする島々からなる地域です。さんご礁が広がる美しい海に囲まれたリゾート地として人気があり、世界中からたくさんの観光客が訪れます。住民のほとんどがポリネシア系ですが、ヨーロッパ系（白人）や中国系の人々も住みます。伝統楽器を使ったダンスなど、タヒチ独特の文化もみられます。画家のゴーギャンが晩年に移り住んだ島としても知られています。

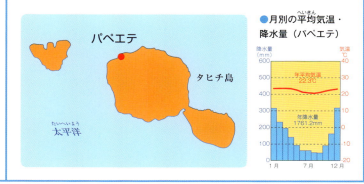

●月別の平均気温・降水量（パペエテ）

1巻	オマーン、カンボジア、中国、フィリピン、デンマーク、ハンガリー、フィンランド、ラトビア、タンザニア、キューバ、パナマ、ニュージーランド
2巻	インドネシア、インド、パプアニューギニア、ベトナム、ミャンマー、ギリシャ、ロシア、ガーナ、スーダン、南アフリカ共和国、リベリア、ハワイ
4巻	シンガポール、タイ、ブルネイ、オーストリア、オランダ、スペイン、ドイツ、フランス、アメリカ合衆国、カナダ、アルゼンチン、オーストラリア
5巻	イラン、韓国、スリランカ、トルクメニスタン、トルコ、イタリア、スウェーデン、ザンビア、マリ、メキシコ、ブラジル、トンガ

他の国々の説明は、左の巻を見てね！

※気温・降水量データは『理科年表』（平成28年版）などを、国勢データは『世界国勢図会』『データブック・オブ・ザ・ワールド』などを参照しました。

監修　須藤　健一（国立民族学博物館長）

装丁・レイアウト
株式会社クラップス（佐藤かおり）

表紙イラスト
有野 篤

本文イラスト・図版
有野 篤、駒村美穂子

執筆協力
青木美加子、佐野秀好、野口光伸

編集協力
株式会社美和企画（大塚健太郎）
林 郁子

地図制作（見返し）
城戸智砂子

写真・図版協力
Photolibrary、Fotolia.com、国立国会図書館、グローバル、明星食品、©手塚プロダクション・虫プロダクション、© NIPPON ANIMATION CO.,LTD.、千と千尋の神隠し© 2001 Studio Ghibli・NDDTM、ユニフォトプレス、PIXTA

編集
藤井 彩、中山敏治

おもな参考文献
『世界昔話ハンドブック』三省堂、『昔話・伝説必携』學燈社、『日本昔話事典』弘文堂、『図説　北欧神話の世界』八坂書房、『ギリシア神話』中公新書、『大英博物館双書Ⅳ　古代の神と王の小事典2　エジプトの神々』學藝書林、『丸善ブックス96　ペルシャの神話』丸善出版、『丸善ブックス98　インカの神話』丸善出版、『イギリス文化事典』丸善出版、『図説　花と樹の大事典』柏書房、『インド神話』東京書籍、『アイルランドの神話と民話』彩流社、『スコットランド民話集』朝日出版社、『図説　龍とドラゴンの世界』遊子館、『アニメが「ANIME」になるまで』NTT出版、『日本TVアニメーション大全』世界文化社、『年表　日本漫画史』臨川書店、『無文字社会の歴史』岩波書店、『世界の楽器百科図鑑』東洋書林、『世界の民族音楽辞典』東京堂出版、『カラー図解楽器の歴史』河出書房新社、『図解　世界楽器大事典』雄山閣、『声の世界を旅する』音楽之友社、『文学が脅かされている』法政大学出版局

NDC 380

監修　須藤健一

ワクワク　音楽と物語
（それ日本と逆!?　文化のちがい 習慣のちがい
第2期　全5巻③）

学研プラス　2017　48P　28.6cm
ISBN 978-4-05-501223-2　C8639

それ日本と逆!?
文化のちがい 習慣のちがい 第2期③

ワクワク 音楽と物語

2017年2月24日　第1刷発行
2024年11月7日　第8刷発行

発行人　土屋　徹
編集人　代田雪絵
発行所　株式会社Gakken
　　　　〒141-8416　東京都品川区西五反田2-11-8
印刷所　共同印刷株式会社

この本に関する各種お問い合わせ先
● 本の内容については、下記サイトのお問い合わせフォームよりお願いします。
　https://www.corp-gakken.co.jp/contact/
● 在庫については　TEL：03-6431-1198（販売部）
● 不良品（落丁、乱丁）については
　TEL：0570-000577　学研業務センター
　〒354-0045　埼玉県入間郡三芳町上富279-1
● 上記以外のお問い合わせは
　TEL：0570-056-710（学研グループ総合案内）

©Gakken
本書の無断転載、複製、複写（コピー）、翻訳を禁じます。
本書を代行業者等の第三者に依頼してスキャンやデジタル化することは、たとえ個人や家庭内の利用であっても、著作権法上、認められておりません。

学研グループの書籍・雑誌についての新刊情報・詳細情報は、下記をご覧ください。
学研出版サイト　https://hon.gakken.jp/

それ日本と逆!? 文化のちがい 習慣のちがい 第2期 全5巻

1巻	ニコニコ	学校生活
2巻	ペラペラ	ことばとものの名前
3巻	ワクワク	音楽と物語
4巻	ドキドキ	お出かけ・乗り物
5巻	ワイワイ	記念日とお祭り

国名・地域名別総索引

- 「それ日本と逆!? 文化のちがい 習慣のちがい 第2期」1～5巻に登場する国名（日本を除く。一部は地域名）の総索引です。
- 数字は、その国名が登場するページ数を表しています。
- 3ページ以上連続で登場する場合は、たとえば4、5、6、7を「4-7」などと表しています。
- 国名（地域名）は、一部を除いて通称を用いています。

国名	巻	ページ
アイルランド	3巻	14、28
	5巻	10、12
アメリカ	1巻	4-6、12-14、21-24、33、41-43
	2巻	5、6、13、14、18-20、22-25、29、30、31、34-37、42
	3巻	6、18、19、34-39
	4巻	7、13-18、22-25、27、31、34-38
	5巻	4、7、10-13、17、18
アルゼンチン	2巻	29
	4巻	39
	5巻	35
アルバニア	2巻	31
イギリス	1巻	8-10、19、36、39、42
	2巻	24、29、30、42
	3巻	8-10、12-14、26-29
	4巻	7、11-13、31、39
	5巻	10、12、13、29

国名	巻	ページ
イスラエル		32-34、38
	1巻	42
	2巻	31
	3巻	11
	5巻	12、28
イタリア	1巻	36、39、42
	2巻	17、31
	3巻	39、43
	4巻	7、8-10
	5巻	4-6、12
イラク	1巻	40
	3巻	13
イラン	1巻	38
	3巻	10、21、24、25
	5巻	12、26-28
インド	1巻	20、38
	2巻	14、29、31
	3巻	11、22-25、28、29、32
	4巻	13、26、34
	5巻	12、13、20、28、32、35、42、43

国名	巻	ページ
インドネシア	1巻	15、36
	2巻	4-6、31
	4巻	40
	5巻	11、12、25
ウクライナ	5巻	12
エクアドル	2巻	31
エジプト	1巻	40
	2巻	29、40
	3巻	24、25
	4巻	16
	5巻	12
エチオピア	1巻	20
オーストラリア	1巻	6、25、38、39
	2巻	29
	3巻	6
	4巻	7、20、32-34、40
	5巻	6
オーストリア	3巻	20
	4巻	21、13
オマーン	1巻	11
オランダ	2巻	5、13、17
	4巻	10、20